São Cristóvão

História e novena

Pe. Mário José Neto

São Cristóvão

História e novena

Citações bíblicas: *A Bíblia – Novo Testamento*. São Paulo, Paulinas.

5ª edição – 2013
2ª reimpressão – 2022

Nenhuma parte desta obra poderá ser reproduzida ou transmitida por qualquer forma e/ou quaisquer meios (eletrônico ou mecânico, incluindo fotocópia e gravação) ou arquivada em qualquer sistema ou banco de dados sem permissão escrita da Editora. Direitos reservados.

Paulinas

Rua Dona Inácia Uchoa, 62
04110-020 – São Paulo – SP (Brasil)
Tel.: (11) 2125-3500
http://www.paulinas.com.br – editora@paulinas.com.br
Telemarketing e SAC: 0800-7010081

© Pia Sociedade Filhas de São Paulo – São Paulo, 2003

Indicações históricas

O nome de Cristóvão antes do batismo era Kynokéfale (réprobo, malvado). Era natural de Caná, na Palestina. Um verdadeiro Golias, inigualável em força física; guerreiro por natureza e profissão, com fama de indomável e invencível; solicitado pelos exércitos, embora não fosse oficialmente um soldado.

Com o passar do tempo, cansou-se de servir ora um, ora outro magnata, resolvendo procurar o homem mais poderoso do mundo para servi-lo.

Aos poucos percebeu que todos os imperadores, príncipes e reis temiam o nome do demônio. Viu-o, então, como o mais poderoso e pôs-se a servi-lo.

Em sua crença no demônio, Cristóvão notou que este temia a cruz, e até fugia dela. Concluiu, assim, a supremacia da cruz sobre o demônio, partindo em busca do rei cujas armas figurasse o sinal tão poderoso da cruz.

Nessa procura, encontrou, à beira de um rio, um velho eremita cristão que o aconselhou a entregar-se a Jesus Cristo, o rei mais poderoso do mundo, do qual emana o sinal da cruz. Para servir a esse Senhor, o velho sugeriu-lhe o caminho do jejum, da oração e da meditação. Cristóvão alegou, porém, que não aguentava jejuar, nem tinha jeito para oração e tampouco para meditação. Diante disso, o velho propôs a ele que praticasse obras de caridade, a fim de amolecer seu coração. Cristóvão achou estranho, mas, para encontrar o tal rei, aceitou.

Diante da disposição de Cristóvão, o eremita lembrou-se do esforço das pessoas pobres ao atravessarem o rio próximo, por não haver ponte, levando muitas à morte, ao enfrentarem as águas turbulentas.

Sugeriu, então, que ele aproveitasse seu porte físico avantajado e oferecesse seus serviços àquela gente simples; assim, teria as orações dos beneficiados e as bênçãos de Deus como paga de seu trabalho. Cristóvão imediatamente depôs as armas e entrou no serviço da caridade, ajudando os viajantes.

Um dia, durante seu trabalho, Cristóvão ouviu uma voz a lhe chamar. Era a voz de um menino, pedindo-lhe para transportá-lo ao outro lado do rio. Prontamente ajeitou o pequeno passageiro sobre seus ombros, e entrou com ele na água. À medida que avançava o rio, dialogando prazerosamente com o garoto, meditava: ele, um homem gigante, temido por tantos poderosos, na ânsia de encontrar o rei mais poderoso do mundo, acabara se colocando a serviço de uma simples criança! E gostava do que acontecia.

Ao mesmo tempo, na leveza da criança, pesava-lhe nos ombros o seu passado, atingindo-lhe a consciência. Sua velocidade diminuiu. O rio parecia crescer à sua frente.

Ao chegar à outra margem, fitando aquela criança sorridente por um longo tempo, descobriu o que tanto procurava: nela estava Jesus, o rei dos reis, a quem ele acabara de servir com muito gosto e realização. A criança também o fitava longamente. E Cristóvão parecia ouvir a voz do próprio Jesus a lhe dizer: "Tu carregaste o Criador do mundo; fizeste uma obra de misericórdia, e misericórdia achaste. Doravante serás o meu apóstolo, e teu bastão de ferro florirá".

O velho eremita cristão, ao presenciar aquela cena, aproximou-se de Cristóvão, e vendo um homem totalmente transformado, bateu-lhe no ombro e disse: "De agora em diante, teu nome será 'Cristóvão', o portador de Cristo".

Radiante de alegria, o recém-convertido entregou-se totalmente à causa do Evangelho, começando seu apostolado da Galileia à Síria, iniciando sua pregação na cidade de Samo, com conversões em massa.

O imperador Décio, tendo notícia disso, deu ordens de prisão ao pregador, intimando-o a abandonar o cristianismo e a adorar os ídolos. Cristóvão negou-se a cumprir tal exigência, convertendo ainda, pelo exemplo de coragem, persistência e determinação cristã, mais quarenta soldados da tropa do Império Romano, os quais, em seguida, sofreram o martírio. Foi novamente preso e, na prisão, duas mulheres, Niceta e Aquilina, a mando do imperador, adentraram sua cela para pôr à prova sua virtude. A manobra foi contraproducente, pois as duas saíram da cela convertidas, e também morreram mártires.

O imperador, exasperado por seus fracassos, ordenou que Cristóvão fosse flagelado. Mandou banhar um capacete no azeite, atear fogo e pôr em sua cabeça, mas ele ainda sobreviveu. Sem outra alternativa, ordenou sua decapitação.

A devoção a São Cristóvão diminuiu a partir do século XVII, mas tornou a se fortalecer no século XX, precisamente no verão de 1905, quando um suposto milagre atribuído ao santo aconteceu com o carro da rainha Margarida de Saboia, em Vale d'Aosta, na Itália.

Como a rainha, todos os que seguirem o exemplo de São Cristóvão receberão, como recompensa, o grande milagre da preservação da vida.

São Cristóvão é tido como protetor não só dos motoristas, em razão do episódio italiano, mas dos condutores e viajantes em geral.

PRIMEIRO DIA

O poder traz inquietação

Oração inicial

Ó glorioso mártir São Cristóvão, que caminhastes como gigante nos caminhos da virtude, até o extremo de confessar o vosso batismo, misturando o vosso sangue ao de Jesus Cristo; confiados na eficácia de vossa intercessão, nós vos rogamos que nos livreis de todos os perigos e acidentes nas viagens que empreendemos durante esta vida e, sobretudo, na última jornada para a casa do Pai. Por Cristo, Senhor nosso. Amém.

Leitura bíblica (Jo 13,4-11)

Jesus levantou-se de seu lugar na ceia, tirou o manto e, tomando uma toalha, cingiu-se com ela. Depois, colocou água em uma bacia e começou a lavar os pés dos discípulos e a enxugá-los com a toalha com a qual estava cingido. Veio, então, a Simão Pedro, que lhe disse: "Senhor, tu, lavar-me os pés?" Respondeu-lhe Jesus: "O que eu estou fazendo não o sabes agora; passadas estas coisas, porém, tu o compreenderás". Disse-lhe Pedro: "Jamais me lavarás os pés". Respondeu-lhe Jesus: "Se não te lavar, não terás parte comigo". Disse-lhe Simão Pedro: "Senhor, não somente meus pés, mas também as mãos e a cabeça". Disse-lhe Jesus: "Quem já se banhou não tem necessidade senão de lavar os pés, pois já está todo puro. Vós também estais puros, mas não todos". Ele sabia quem iria entregá-lo, por isso disse: "Nem todos estais puros".

Reflexão

A nossa realidade social demonstra que muitas vezes estamos longe da prática de

Jesus. O poder corrompe e traz inquietação. Para conquistá-lo ou mantê-lo, lança-se mão do absurdo. A corrupção pelo poder invadiu até nossas instituições mais sérias. A vida, com tudo de mais belo em sua volta, transforma-se, aos poucos, meramente em um veículo para a conquista do poder.

As pessoas deveriam ser avaliadas não pelo que fazem, mas pelo que são, seguindo os critérios de Jesus. Cristóvão só conseguiu ser realmente feliz quando transformou seu poder em serviço aos mais pobres e pequenos. Por isso ele é São Cristóvão, o santo que nos conduz pelo caminho do serviço a Cristo na pessoa dos irmãos.

Mensagem ao motorista

Você, prezado motorista, enquanto tem o conforto de seu veículo, que o possibilita deslocar-se com rapidez de um lugar para o outro, saiba que muitos irmãos são obrigados, cansados, após um longo e árduo dia de trabalho, a enfrentar longas filas, indo para casa quase esmagados nos ônibus lotados. Muitos deslocam-se até a pé, por não possuírem sequer um vale-transporte.

Como está sua solidariedade? Tem usado seu carro para servir, com segurança, é claro, àqueles que não têm veículos, fazendo caridade, socorrendo os necessitados? Lembre-se: quem tem mais, pode servir mais!

Oração final

Senhor, não queremos ser objetos de consumo; queremos recuperar nossa dignidade e encontrar, em vosso nome, uma nova maneira de exercer o poder. Dai-nos, Senhor, a força para transformarmos o nosso poder em serviço, a fim de que possamos tomar parte em vossa mesa.

(*Momento de silêncio para colocar as intenções pessoais, familiares e comunitárias.*)

São Cristóvão, que conduzistes o Cristo pelas caudalosas águas de um rio, fazei que enfrentemos com coragem as turbulências da vida e levemos Cristo aos nossos irmãos.

SEGUNDO DIA

A serviço da vida

Oração inicial

Ó glorioso mártir São Cristóvão, que caminhastes como gigante nos caminhos da virtude, até o extremo de confessar o vosso batismo, misturando o vosso sangue ao de Jesus Cristo; confiados na eficácia de vossa intercessão, nós vos rogamos que nos livreis de todos os perigos e acidentes nas viagens que empreendemos durante esta vida e, sobretudo, na última jornada para a casa do Pai. Por Cristo, Senhor nosso. Amém.

Leitura bíblica (Jo 8,42-47)

Disse Jesus às autoridades dos judeus: "Se Deus fosse vosso Pai, me amaríeis, pois saí de Deus e aqui estou. Eu não vim por mim mesmo, mas foi ele quem me enviou. Por isso não compreendeis o que falo: porque não sois capazes de ouvir minha palavra. Vós sois do Diabo, vosso pai, e os desejos de vosso pai quereis fazer. Ele foi homicida desde o princípio, e não se manteve na verdade porque nele não há verdade. Quando fala a mentira, fala do que lhe é próprio, porque é mentiroso e pai da mentira. Porque eu digo a verdade, não credes em mim. Quem dentre vós pode me inquirir a respeito de pecado? Se digo a verdade, por que não credes em mim? Quem é de Deus ouve as palavras de Deus. Por isso vós não ouvis, porque não sois de Deus".

Reflexão

Podemos resgatar nossa dignidade através da escuta da Palavra de Jesus e do seguimento de sua proposta. Ele é "o Caminho, a Verdade e a Vida" (Jo 14,6).

Cristóvão, antes vivia numa realidade diferente, até enganosa, desviado da vocação para a qual fora criado, achando-se mais feliz que as outras pessoas por estar a serviço dos poderosos deste mundo. Mas depois encontrou o verdadeiro caminho.

Mensagem ao motorista

Você tem usado o seu carro para fortalecer a sintonia com Deus, fazendo-se sua imagem e semelhança?

Pare, dê uma olhada detalhada no seu carro; pense na quantidade de famílias que choram pelos seus entes queridos perdidos no trânsito ou mutilados. O Senhor é o Pai da vida e não da morte, e ele quer acompanhá-lo no seu caminho.

Oração final

São Cristóvão, que, ao perceber que estáveis sendo manipulado pelo mal, mudastes radicalmente de vida, transportai-nos em vossos ombros para a outra margem. Fazei-nos entrar na luta do engajamento, contra tudo o que nos separa da proposta do Reino de Jesus. (*Momento de silêncio para colocar as intenções pessoais, familiares e comunitárias.*)

São Cristóvão, que conduzistes o Cristo pelas caudalosas águas de um rio, fazei que enfrentemos com coragem as turbulências da vida e levemos Cristo aos nossos irmãos.

TERCEIRO DIA

O encontro com o ancião

Oração inicial

Ó glorioso mártir São Cristóvão, que caminhastes como gigante nos caminhos da virtude, até o extremo de confessar o vosso batismo, misturando o vosso sangue ao de Jesus Cristo; confiados na eficácia de vossa intercessão, nós vos rogamos que nos livreis de todos os perigos e acidentes nas viagens que empreendemos durante esta vida e, sobretudo, na última jornada para a casa do Pai. Por Cristo, Senhor nosso. Amém.

Leitura bíblica (Lc 1,13-20)

O anjo disse: "Não temas, Zacarias, porque tua oração foi ouvida. Isabel, tua mulher, te dará um filho e o chamarás João. Para ti será uma grandíssima alegria, e muitos exultarão por seu nascimento, pois ele será grande na presença do Senhor. Ele nunca beberá vinho nem bebida fermentada e, ainda no ventre de sua mãe, ficará pleno do Espírito Santo. Ele fará muitos israelitas voltarem para o Senhor, o seu Deus, e irá diante do Senhor, com o espírito e poder de Elias, para reconduzir o coração dos pais aos filhos, e os rebeldes à sensatez dos justos, para preparar um povo bem-disposto para o Senhor".

Zacarias disse ao anjo: "De que modo conhecerei isso? Com efeito, eu sou ancião, e minha mulher é bem idosa". O anjo respondeu-lhe: "Eu sou Gabriel. Estou a serviço de Deus, e fui enviado para falar contigo e anunciar-te esta Boa-Nova. Mas, porque não acreditaste em minhas palavras – que serão realizadas plenamente no momento oportuno –, ficarás mudo e não poderás falar até o dia em que isso acontecer".

Reflexão

Muitas vezes, em nossos dias, as pessoas que não têm condições de atender aos apelos do consumismo e não preenchem seus requisitos são colocadas de lado, excluídas, marginalizadas.

A ótica de Deus é diferente. Ele quer que todos tenham vida e se realizem plenamente. No seu banquete, todos têm prioridade, começando dos pequenos, dos sem vez e voz.

Cristóvão, enquanto estava apoiado na grandeza humana, era atribulado e inquieto, mas depois que se abriu à simplicidade, dialogando com o velho eremita cristão, encontrou o caminho de sua realização pessoal.

Mensagem ao motorista

Muitos motoristas transformam uma rodovia comum numa verdadeira pista de corrida, ocasionando mutilações e até mortes. Por outro lado, existem os mais sensatos, cuidadosos, zelosos, que andam sempre em velocidade normal e em direção defensiva, desfrutando do seu carro moderadamente. Assim preservam sua vida e a das outras pessoas, livrando-se de muitos perigos.

Oração final

São Cristóvão, vós que fostes capaz de acolher a humildade de um velhinho, abandonando todo o vosso orgulho e vaidade, encontrando, assim, a realização plena, fazei que, seguindo vosso exemplo, também disponhamos de nossos bens meramente humanos em favor de um Reino solidificado num mundo justo e fraterno.

(*Momento de silêncio para colocar as intenções pessoais, familiares e comunitárias.*)

São Cristóvão, que conduzistes o Cristo pelas caudalosas águas de um rio, fazei que enfrentemos com coragem as turbulências da vida e levemos Cristo aos nossos irmãos.

QUARTO DIA

Um novo caminho é apontado

Oração inicial

Ó glorioso mártir São Cristóvão, que caminhastes como gigante nos caminhos da virtude, até o extremo de confessar o vosso batismo, misturando o vosso sangue ao de Jesus Cristo; confiados na eficácia de vossa intercessão, nós vos rogamos que nos livreis de todos os perigos e acidentes nas viagens que empreendemos durante esta vida e, sobretudo, na última jornada para a casa do Pai. Por Cristo, Senhor nosso. Amém.

Leitura bíblica (Jo 14,1-6)

Jesus disse aos discípulos: "Não se agite vosso coração. Credes em Deus; crede também em mim. Na casa de meu Pai, há muitas moradas. Se assim não fosse, eu vos teria dito, porque vou para preparar-vos um lugar. E, quando eu tiver ido e vos tiver preparado um lugar, virei novamente e vos levarei para junto de mim, a fim de que, onde eu estiver, estejais também vós. Para onde vou, conheceis o caminho". Disse-lhe Tomé: "Senhor, não sabemos para onde vais. Como podemos conhecer o caminho?" Disse-lhe Jesus: "Sou eu o caminho, a verdade e a vida. Ninguém vai ao Pai senão por mim".

Reflexão

O caminho que Jesus aponta é um caminho novo (Boa-Nova), que jamais poderá ser visto por alguém comprometido com qualquer outro tipo de visão.

Queremos estar a serviço do amor, do compromisso e da misericórdia, apontado por Cristo, encarnado numa mulher simples de Nazaré.

Da mesma forma, tentaremos seguir o mesmo caminho que o velho eremita cristão apontou para Cristóvão, fazendo-o ir ao encontro dos pobres, fracos e sofredores, comprometendo-se com eles.

Mensagem ao motorista

A minuciosa observação do caminho é fundamental para a segurança do motorista. Muitos até costumam dizer: "Na estrada, devemos saber dirigir para nós e para os outros".

É importante lembrar que para ter êxito numa estrada é preciso cuidar da condição física e espiritual, que são a base de todas as nossas ações. Por isso, aproveite e apure sua visão, observando tudo o que for pequeno e simples. Assim, a rota de seu veículo pode ser a mesma, mas sua motivação espiritual poderá ser outra, e Deus pode estar comunicando-lhe grandes coisas para a transformação de sua vida.

Aproveite esse privilégio de poder deslocar-se para muitos lugares e entrar em contato com pessoas diferentes. Elas também terão muito a ensinar-lhe.

Oração final

São Cristóvão, nosso companheiro de viagem, queremos abrir mão de nossa vaidade e orgulho pessoal, e de tudo o que falsamente achamos que nos traz vida, para enxergarmos Cristo Caminho, Verdade e Vida. (*Momento de silêncio para colocar as intenções pessoais, familiares e comunitárias.*)

São Cristóvão, que conduzistes o Cristo pelas caudalosas águas de um rio, fazei que enfrentemos com coragem as turbulências da vida e levemos Cristo aos nossos irmãos.

QUINTO DIA

Conduzir pessoas
para a outra margem

Oração inicial

Ó glorioso mártir São Cristóvão, que caminhastes como gigante nos caminhos da virtude, até o extremo de confessar o vosso batismo, misturando o vosso sangue ao de Jesus Cristo; confiados na eficácia de vossa intercessão, nós vos rogamos que nos livreis de todos os perigos e acidentes nas viagens que empreendemos durante esta vida e, sobretudo, na última jornada para a casa do Pai. Por Cristo, Senhor nosso. Amém.

Leitura bíblica (Jo 10,1-5)

"Amém, amém, eu vos digo: quem não entra pela porta do pátio das ovelhas, mas sobe por outro lugar, este é ladrão e assaltante. Quem, porém, entra pela porta é o pastor das ovelhas. A este, o porteiro abre, e as ovelhas ouvem sua voz, e ele chama seu rebanho, cada ovelha por seu nome, e as leva para fora. Quando todas as suas ovelhas saíram, caminha à frente delas, e as ovelhas o seguem, porque conhecem sua voz. A um estranho, porém, não seguirão, mas fugirão dele, porque não conhecem a voz de estranhos".

Reflexão

Vivemos num tempo em que muitas pessoas são facilmente conduzidas para situações contrárias ao seu projeto de vida, sofrendo, com isso, muitos dissabores. Os agentes de tais desvios apresentam-se com artifícios enganosos. Não são pessoas bem-intencionadas e aproveitam-se do povo sofrido, sem discernimento, para trabalharem seus interesses.

Jesus veio para atuar contra toda essa situação. "O espírito do Senhor está sobre mim porque ele me ungiu. Ele me enviou para anunciar a Boa-Nova aos pobres: para proclamar aos cativos a liberdade e aos cegos a recuperação da vista, para pôr os oprimidos em liberdade, para proclamar um ano favorável da parte do Senhor" (Lc 4,18-19).

Mensagem ao motorista

Pense bem no que poderá proporcionar às pessoas, conversando com elas, criando novas amizades, encarando a vida com mais fé e coragem. Elas se sentirão mais seguras e também protegidas, pois a viagem será mais agradável e tranquila.

Use seu carro para ajudar na construção de um mundo mais humano, justo e fraterno. Não faça de seu trabalho e de sua vida um amontoado de quilômetros vazios.

Para completar sua meditação, leia no Livro dos Atos dos Apóstolos (Novo Testamento) o capítulo 8, versículos 26 a 40. Se houver oportunidade, comente essa passagem com seu(sua) passageiro(a). Lembre-se de que a Bíblia é sua companheira de estrada.

Oração final

São Cristóvão, ajudai-nos a abandonar os falsos guias e fazei-nos pequenos, deixando-nos conduzir unicamente por Jesus Cristo, para que, com ele, por ele e nele, possamos também nos servir de condutores, levando nos ombros os nossos irmãos mais sofridos, atravessando-os para o lado da alegria e da realização, numa caminhada livre e decidida. (*Momento de silêncio para colocar as intenções pessoais, familiares e comunitárias.*)

São Cristóvão, que conduzistes o Cristo pelas caudalosas águas de um rio, fazei que enfrentemos com coragem as turbulências da vida e levemos Cristo aos nossos irmãos.

SEXTO DIA

A travessia de uma criança

Oração inicial

Ó glorioso mártir São Cristóvão, que caminhastes como gigante nos caminhos da virtude, até o extremo de confessar o vosso batismo, misturando o vosso sangue ao de Jesus Cristo; confiados na eficácia de vossa intercessão, nós vos rogamos que nos livreis de todos os perigos e acidentes nas viagens que empreendemos durante esta vida e, sobretudo, na última jornada para a casa do Pai. Por Cristo, Senhor nosso. Amém.

Leitura bíblica (Mt 25,34-40)

"[...] Então o rei dirá aos que estiverem à sua direita: 'Vinde, benditos de meu Pai!

Recebei por herança o reino preparado para vós desde a fundação do mundo. Pois tive fome e me destes de comer, tive sede e me destes de beber, era estrangeiro e me acolhestes; estava nu e me vestistes, doente e me visitastes, no cárcere e viestes a mim'. Então os justos lhe perguntarão: 'Senhor, quando te vimos faminto e te demos de comer, ou sedento e te demos de beber? Quando te vimos estrangeiro e te acolhemos, ou nu e te vestimos? Quando te vimos doente ou no cárcere e fomos a ti?' E o rei lhes responderá: 'Amém, eu vos digo: toda vez que fizestes isso a um desses meus irmãos menores, a mim o fizestes' [...]."

Reflexão

O amor é o mais belo sentimento do mundo; quem ama não consegue satisfazer-se apenas com o sentimento, quer estar também em contato com a pessoa amada. O estar perto, sentir a outra pessoa, partilhar anseios, diferenças, afinidades e ideais é que vai delineando a relação verdadeira.

Deus não nos ama de modo abstrato. Ele quis estabelecer contato conosco por meio de Jesus Cristo. Assim, o toque de Jesus nas pessoas, sua presença no meio dos pobres, fracos e sofredores, manifesta a presença de Deus no meio de nós.

Por isso, se quisermos sentir essa presença, não devemos desligar-nos do mundo e olhar só para o céu. É importante, sim, que busquemos, como os magos do Oriente, direção na estrela que está no alto, mas sem deixar de caminhar na terra, na busca do Jesus concreto no meio de pessoas excluídas pela sociedade: idosos, doentes, crianças etc.

Mensagem ao motorista

O capitalismo selvagem leva-nos a entender que o dinheiro tem mais valor na vida das pessoas do que a gratuidade, isolando-as num mundo interesseiro e egoísta, no qual se entende que "o que é meu é meu, e o dos outros é meu também". No entanto, como é bonito ver alguém dizer: "Isso não é meu, é nosso".

Você tem colocado seu carro a serviço da comunidade e dos menos favorecidos? Quando vê um conhecido enfrentando a pé uma longa caminhada, sob chuva ou sol escaldante, principalmente se ele é pobre, você tem parado o seu carro para dar carona ou finge que não o vê?

O sorriso de alguém, acompanhado de um "muito obrigado" ou de um "Deus lhe pague", vale muito mais do que o dinheiro, pois este logo acaba, enquanto o amor é duradouro e compensador.

Oração final

São Cristóvão, queremos, pelo vosso exemplo, começar nosso serviço pelos pequenos e pobres, pois, além de neles estar estampado o verdadeiro rosto de Jesus, teremos a alegria de receber a verdadeira recompensa na ressurreição dos justos (cf. Lc 14,14), ou seja, um mundo transformado, em que todos tenham dignidade e respeito. (*Momento de silêncio para colocar as intenções pessoais, familiares e comunitárias.*)

São Cristóvão, que conduzistes o Cristo pelas caudalosas águas de um rio, fazei que enfrentemos com coragem as turbulências da vida e levemos Cristo aos nossos irmãos.

SÉTIMO DIA

Jesus na pessoa de uma criança

Oração inicial

Ó glorioso mártir São Cristóvão, que caminhastes como gigante nos caminhos da virtude, até o extremo de confessar o vosso batismo, misturando o vosso sangue ao de Jesus Cristo; confiados na eficácia de vossa intercessão, nós vos rogamos que nos livreis de todos os perigos e acidentes nas viagens que empreendemos durante esta vida e, sobretudo, na última jornada para a casa do Pai. Por Cristo, Senhor nosso. Amém.

Leitura bíblica (Mc 9,36-37)

Tendo tomado uma criancinha, colocou-a no meio deles, abraçou-a e disse-lhes: "Quem acolhe uma destas criancinhas em meu nome, a mim acolhe; e quem me acolhe, não acolhe a mim, mas sim aquele que me enviou".

Reflexão

Jesus nasceu de uma mulher simples, na pobreza de uma gruta, longe da civilização do poder explorador. Foi acolhido pelos pastores, excluídos e desprezados. Começou sua missão na Galileia, região pobre e marginalizada, convocando aí os primeiros discípulos, pobres pescadores. Andou em companhia de gente doente, marginalizada, pobre e pecadora. Usou uma linguagem simples. Foi amigo das crianças. Entrou em Jerusalém num jumento. Calou-se diante de Pilatos e morreu humilhado entre dois ladrões; e sua ressurreição foi divulgada antes mesmo dos discípulos, por uma mulher, Madalena, sabendo-se que nessa época as mulheres eram marginalizadas.

Diante disso, concluímos que os simples são os que têm condições de ouvir a mensagem de Jesus e colocá-la em prática.

Mensagem ao motorista

É muito comum, num trânsito conturbado, repleto de pessoas afoitas e apressadas, perder a paciência e a serenidade, somando-se ao número dos estressados do volante. Muitos acham que descarregar sua agressividade em palavras e gestos resolve a situação.

Faça uma experiência: experimente ser um pouco criança no volante de seu carro, calando-se diante de agressões e insultos. Isso não vai significar humilhação para você. Vai, sim, fazê-lo sentir-se mais humano, pois a serenidade é o princípio básico de quem caminha para alcançar e vencer. Na pequenez do ser está a grandeza do

Cristo e, em qualquer lugar que estejamos, somos chamados a ser "um outro Cristo".

Oração final

Senhor, fazei que, a exemplo de São Cristóvão, possamos oferecer nossos ombros aos mais simples e pequenos, para que, assim, encontremos sentido para a nossa existência, formando um mundo mais justo e fraterno, bem melhor para viver. (*Momento de silêncio para colocar as intenções pessoais, familiares e comunitárias.*)

São Cristóvão, que conduzistes o Cristo pelas caudalosas águas de um rio, fazei que enfrentemos com coragem as turbulências da vida e levemos Cristo aos nossos irmãos.

OITAVO DIA

Batismo: mudança de nome e de caminho

Oração inicial

Ó glorioso mártir São Cristóvão, que caminhastes como gigante nos caminhos da virtude, até o extremo de confessar o vosso batismo, misturando o vosso sangue ao de Jesus Cristo; confiados na eficácia de vossa intercessão, nós vos rogamos que nos livreis de todos os perigos e acidentes nas viagens que empreendemos durante esta vida e, sobretudo, na última jornada para a casa do Pai. Por Cristo, Senhor nosso. Amém.

Leitura bíblica (Lc 3,7-14)

João dizia às multidões que acorriam para serem batizadas por ele: "Crias de víboras! Quem vos advertiu para escapar da ira iminente? Produzi, pois, frutos que confirmem vosso arrependimento; e não comeceis a dizer em vós mesmos: 'Abraão é nosso pai', porque vos digo que destas pedras Deus pode suscitar filhos para Abraão. O machado já está próximo à raiz das árvores, e toda árvore que não produzir fruto bom será cortada e lançada ao fogo".

As multidões lhe perguntavam: "Então o que devemos fazer?" Ele lhes respondia: "Quem tiver duas túnicas, compartilhe com aquele que não tem; quem tiver o que comer faça o mesmo".

Também alguns coletores de impostos foram para ser batizados e lhe perguntaram: "Mestre, que devemos fazer?" Ele lhes disse: "Não cobreis mais do que vos foi estabelecido". Alguns soldados também o interrogaram: "E nós, que devemos fazer?" Ele lhes disse: "Não chantageeis ninguém, não façais falsas acusações e contentai-vos com vosso salário".

Reflexão

Estamos vivendo o chamado "fenômeno da massificação", do fazer sem saber o porquê nem para quê.

No batismo de João, muita gente também se apresentava para ser batizada, sem saber o sentido daquele gesto, motivadas apenas pela ação dos outros. João, reprovando tal postura, exigia que antes do batismo as pessoas fizessem algo que provasse sua conversão. Com isso, ele mostrava que o batismo não é algo isolado, mas que está dentro de um contexto de conversão, como sinal de um novo direcionamento de vida.

No batismo, recebemos o nome de "cristãos", tornando-nos membros da grande "família de Deus", testemunhando nosso compromisso com o bem.

"Cristóvão", que significa "aquele que conduz Cristo", é um "sinal" para todos os que desejam ser batizados levar a sério a vivência de sua fé.

Mensagem ao motorista

A bênção do seu carro tem várias finalidades. Ela não tem o poder mágico de movimentá-lo para isolá-lo dos perigos. A bênção é uma nova maneira de encarar e conduzir seu veículo com mais responsabilidade e cuidado. É uma nova força vinda de Deus e um fortalecimento de sua fé; é acreditar nestas palavras: "Tudo posso naquele que me dá forças".

Oração final

São Cristóvão, que pelo batismo fostes capaz de mudar radicalmente de nome, ajudai-nos também a assumir o nosso nome de "cristão" recebido no batismo.

(*Momento de silêncio para colocar as intenções pessoais, familiares e comunitárias.*)

São Cristóvão, que conduzistes o Cristo pelas caudalosas águas de um rio, fazei que enfrentemos com coragem as turbulências da vida e levemos Cristo aos nossos irmãos.

NONO DIA

A missão batismal
e suas consequências

Oração inicial

Ó glorioso mártir São Cristóvão, que caminhastes como gigante nos caminhos da virtude, até o extremo de confessar o vosso batismo, misturando o vosso sangue ao de Jesus Cristo; confiados na eficácia de vossa intercessão, nós vos rogamos que nos livreis de todos os perigos e acidentes nas viagens que empreendemos durante esta vida e, sobretudo, na última jornada para a casa do Pai. Por Cristo, Senhor nosso. Amém.

Leitura bíblica (Mc 13,9-13)

"Estai atentos a vós mesmos. Entregar-vos-ão aos tribunais e às sinagogas, sereis açoitados e sereis levados diante de governadores e reis por minha causa em testemunho para eles. Mas primeiro é preciso que o Evangelho seja proclamado a todas as nações. Quando vos conduzirem entregando-vos, não vos preocupeis com o que havereis de falar, mas o que vos for dado naquela hora, isso falai, pois não sereis vós que falareis, mas o Espírito Santo. Irmão entregará irmão à morte, e pai entregará filho; filhos se levantarão contra genitores e os matarão. Sereis odiados por todos, por causa de meu nome. Mas aquele que resistir até o fim, este será salvo".

Reflexão

Quem já sentiu a claridade da luz dificilmente permanece nas trevas. Jesus, como luz, é inteiramente contrário às trevas: "O povo que habitava nas trevas viu uma grande luz; sobre os que habitavam na região sombria da morte uma luz brilhou" (Mt 4,16).

Se Jesus é a luz da vida, está explicada a resistência do testemunho dos mártires, pois só se faz uma opção pela vida quando se conhece Jesus.

O primeiro testemunho dado foi o do próprio Jesus, em nome do Pai: "Para isto nasci e para isto vim ao mundo: para dar testemunho da verdade. Quem é da verdade ouve minha voz" (Jo 18,37). Por esta razão ele entregou a própria vida, alertando seus discípulos que a consequência de tudo isso seria perseguição e morte. Afirmou, porém, que a perseverança seria a vitória final.

São Cristóvão foi perseguido e morto em consequência de sua mudança de vida. Ele e todos os demais mártires regaram o solo da Igreja com seu sangue pela causa de Cristo, mostrando-nos a importância de sermos cristãos.

Mensagem ao motorista

Ao dirigir, você se depara também com o sinal vermelho, obrigando-o a parar. Como seu objetivo é viver, mesmo que esteja com muita pressa, acaba tendo de parar. Faça, então, dessa parada, às vezes até forçada, um momento bom e agradável.

Que esta novena tenha servido de sinal indicador de que sua vida é um grande dom de Deus, e que sem ela nenhuma outra realização se tornaria possível. Abra um espaço no seu vai-e-vem diário para meditar sobre a importância da preservação de sua vida. "Tempo é questão de preferência", diz o ditado, pois, se há tempo para tantas coisas secundárias, destrutivas até, por que não haveria tempo para meditar sobre a qualidade e a preservação da própria vida e a dos irmãos? O motivo forte que deveria nos impulsionar à valorização da vida é lembrar que, para preservá-la, Jesus deu a sua própria.

Que Cristóvão seja seu companheiro de viagem, para que, com sua intercessão, você possa cumprir o que está escrito numa frase muito comum nos para-choques de caminhões: "Eu dirijo, mas quem me guia é Jesus". E que assim seja!

Oração final

São Cristóvão, intercedei por nós, pois queremos honrar o batismo que recebemos, morrer para o nosso comodismo, e viver para uma vida de compromisso e participação. Queremos anunciar e denunciar em favor do resgate da verdadeira vida, mesmo que isso nos custe um preço bastante alto. (*Momento de silêncio para colocar as intenções pessoais, familiares e comunitárias.*)

São Cristóvão, que conduzistes o Cristo pelas caudalosas águas de um rio, fazei que enfrentemos com coragem as turbulências da vida e levemos Cristo aos nossos irmãos.

Oração do motorista

São Cristóvão, que um dia levastes um fardo preciosíssimo, carregando o Menino Jesus, e, por isso, sois venerado e invocado como patrono de todos os motoristas, ajudai-me a aproximar-me de Deus para que meu carro seja protegido.

Fazei que eu seja gentil e cortês com os outros motoristas e, sobretudo, para com os guardas de trânsito. Que eu tenha cautela nas ruas movimentadas, que esteja atento nos cruzamentos e nunca alcoolizado.

Concedei-me mão firme, olhar seguro e, claro, perfeito controle de minha faculdades e boa coordenação de meus reflexos, a fim de que eu possa dirigir sem causar dano a ninguém. Permiti, ainda, que eu esteja sempre em sintonia com Deus, o autor da vida, para que meu carro não seja causa de morte para aqueles a quem ele deu a vida. Da mesma forma, peço também a proteção para todas as pessoas que estiverem viajando comigo, livrando-as de toda espécie de desgraça e perigo. Amém.

Mensagem de Dom Serafim de Fernandes Araújo

"Fico sempre pensando nos momentos da pessoa humana vividos dentro de um carro. Vão desde os momentos de conversão e fé, de bondade e vida, até o baixo fundo de maldade do coração humano. É aqui que aparece o testemunho do coração cristão, iluminando de amor e fé este instrumento de trabalho, lazer e caridade, e fazendo do nosso automóvel, seja qual for – carro, caminhão ou ônibus –, um lugar de paz e vida, amor e perdão, ajuda e conforto."

NOSSAS DEVOÇÕES
(Origem das novenas)

De onde vem a prática católica das novenas? Entre outras, podemos dar duas respostas: uma histórica, outra alegórica.

Historicamente, na Bíblia, no início do livro dos Atos dos Apóstolos, lê-se que, passados quarenta dias de sua morte na Cruz e de sua ressurreição, Jesus subiu aos céus, prometendo aos discípulos que enviaria o Espírito Santo, que lhes foi comunicado no dia de Pentecostes.

Entre a ascensão de Jesus ao céu e a descida do Espírito Santo, passaram-se nove dias. A comunidade cristã ficou reunida em torno de Maria, de algumas mulheres e dos apóstolos. Foi a primeira novena cristã. Hoje, ainda a repetimos todos os anos, orando, de modo especial, pela unidade dos cristãos. É o padrão de todas as outras novenas.

A novena é uma série de nove dias seguidos em que louvamos a Deus por suas maravilhas, em particular, pelos santos, por cuja intercessão nos são distribuídos tantos dons.

Alegoricamente, a novena é antes de tudo um ato de louvor ao Pai, ao Filho e ao Espírito Santo, Deus três vezes Santo. Três é número perfeito. Três vezes três, nove. A novena é louvor perfeito à Trindade. A prática de nove dias de oração, louvor e súplica confirma de maneira extraordinária nossa fé em Deus que nos salva, por intermédio de Jesus, de Maria e dos santos.

O Concílio Vaticano II afirma: "Assim como a comunhão cristã entre os que caminham na terra nos aproxima mais de Cristo, também o convívio com os santos nos une a Cristo, fonte e cabeça de que provêm todas as graças e a própria vida do povo de Deus" (*Lumen Gentium*, 50).

Nossas Devoções procura alimentar o convívio com Jesus, Maria e os santos, para nos tornarmos cada dia mais próximos de Cristo, que nos enriquece com os dons do Espírito e com todas as graças de que necessitamos.

Francisco Catão